BEI GRIN MACHT SICH IHR WISSEN BEZAHLT

Die Differenzierung des Nervensystems in der biologischen Psychologie

GRIN

Bibliografische Information der Deutschen Nationalbibliothek:

Die Deutsche Nationalbibliothek verzeichnet diese Publikation in der Deutschen Nationalbibliografie; detaillierte bibliografische Daten sind im Internet über http://dnb.d-nb.de abrufbar.

ISBN: 9783389095270
Dieses Buch ist auch als E-Book erhältlich.

Druck und Bindung: Books on Demand GmbH, Norderstedt Germany
Gedruckt auf säurefreiem Papier aus verantwortungsvollen Quellen

Das vorliegende Werk wurde sorgfältig erarbeitet. Dennoch übernehmen Autoren und Verlag für die Richtigkeit von Angaben, Hinweisen, Links und Ratschlägen sowie eventuelle Druckfehler keine Haftung.

Das Buch bei GRIN: https://www.grin.com/document/1522926

Sonderprüfung biologische Psychologie

Einsendeaufgabe

SRH Fernhochschule

Modul: biologische Psychologie

Studiengang: Psychologie

Inhaltsverzeichnis

1 Differenzierung vom somatischen und vegetativen Nervensystem

1.1 Das somatische Nervensystem

Das Nervensystem besteht anatomisch betrachtet aus dem zentralen Nervensystem (ZNS) und dem peripheren Nervensystem (PNS). Sowohl das somatische Nervensystem (SNS) als auch das vegetative Nervensystem (VNS) sind verschiedene Komponenten des peripheren Nervensystems. Da nicht alle Bereiche des Nervensystems für die gleichen Bereiche bzw. Aufgaben zuständig sind, sondern Spezialisierungen auf bestimmte Körperprozesse und Bereiche vorhanden sind, existiert diese notwendige Unterscheidung. Das vegetative und somatische Nervensystem repräsentieren also all die Nerven, die nicht zum Gehirn und Rückenmark gehören.

Beck, Henning, Anastasiadou, Sofia, Meyer zu Reckendorf, Christopher, 2016, S. 4

Das somatische Nervensystem ist wie erwähnt ein Teil des peripheren Nervensystems. Das SNS fast alle Teile des Nervensystems, also peripher und zentral, zusammen, diese ermöglichen die Kommunikation zwischen dem Organismus und seiner Umgebung bzw. seiner Umwelt. Das SNS besteht sowohl aus afferenten als auch aus efferenten Nerven. Afferente Nerven leiten Erregungen von reizaufnehmenden Nervenzellen zum ZNS, dabei werden die sensorischen Informationen durch Rezeptoren in Augen, Ohren, Skelettmuskeln und Gelenken an das ZNS weitergeleitet. Efferente Nerven leiten dagegen motorische Signale vom ZNS in die peripheren Erfolgsorgane z. B. in die Skelettmuskulatur. Außerdem kontrolliert das SNS den Bewegungsapparat, steuert die Skelettmuskeln und kontrolliert einige Funktionen der Wahrnehmung und ermöglicht die bewusste Bewegung. Die bewusste Bewegung erfolgt auch dadurch, dass die Skelettmuskelnerven durch Efferenzen vom ZNS gesteuert werden. Außerdem stellen die Gelenknerven Afferenzen der Gelenke zum ZNS dar und gleichzeitig erhalten sie Informationen über die Blutgefäße, die Gelenke und über die Gelenkkapseln.

Birbaumer, Schmidt, Robert, 2010, S. 29

Durch die Sensoren in den Muskeln und Gelenken ist die so genannte Tiefensensibilität, also das koordinierte Bewegen, möglich. Zu der Tiefensensibilität zählen z. B. der Stellungssinn, der Bewegungssinn und der Kraftsinn. Der Stellungssinn ist für die Koordination der Stellungen der einzelnen Gliedmaßen zuständig. Der Bewegungssinn dagegen kontrolliert die Geschwindigkeit und Richtung von Bewegungen der Gelenke und Muskeln. Der Kraftsinn wiederrum signalisiert den benötigten Muskelkraftaufwand entgegen äußerer Einflüsse z. B. der Schwerkraft, um geeignete Stellungen zu ermöglichen, um Bewegungen ausführen zu können.

Birbaumer et al., 2010, S. 339

Das SNS ist für die bewusst gesteuerte Bewegung und die Interaktion mit der Umwelt verantwortlich, es verarbeitet nämlich die Informationen der Rezeptoren und steuert die Skelettmuskeln und Gelenke. Das somatische Nervensystem ist also für die Sensorik und Motorik im menschlichen Körper zuständig und wird auch zerebrospinales oder animales Nervensystemgenannt.

Corr 2006, S. 71
Kirschbaum (2008), S. 196

Das vestibuläre System ist für das sichere, aufrechte Stehen und Gehen zuständig. Es steuert ebenfalls das Gleichgewicht von Kopf- und Körperhaltung in Abhängigkeit von der Schwerkraft. Es steuert auch die Augenbewegungen im Verhältnis zu Kopfbewegungen. Das auditive System verarbeitet Geräusche, also auditive Signale, welche über die Hörbahn vom Corti-Organ zur Hörrinde weitergeleitet werden.

Durch das somatosensorische System wird die Wahrnehmung der Umstände im Körperinneren, an der Oberfläche und Umgebung möglich. Durch dieses System ist es möglich Berührungen, Schmerz, Druck und Temperatur wahrzunehmen. Dabei dienen die somatischen sensiblen Bahnen der Empfindlichkeit bzw. Sensibilität der Haut und des Bewegungsapparates. Im Vergleich sind die speziellen sensiblen Bahnen für visuelle, auditorische, olfaktorische, gustatorische und vestibuläre Reize verantwortlich. Das olfaktorische System ist für die Geruchswahrnehmung zuständig. Im Vergleich zu allen anderen ist das visuelle System ein Teil des Nervensystems, welches sich mit der Verarbeitung von visuellen Informationen beschäftigt.

Schiebler (2005), S. 778, 787, 794 – 795, 801-803

Huggenberger et al. (2019), S. 10 - 12

Während im SNS nur ein Neuron das Zentralorgan mit dem Effektor verbindet, ist dies im vegetativen Nervensystem, das im nächsten Abschnitt näher erklärt wird, nicht der Fall.

Schiebler (2005), S. 698

1.2 Das vegetative Nervensystem

Das vegetative Nervensystem spielt eine große Rolle, denn es leitet Informationen aus dem Gehirn durch efferente Nerven, an die einzelnen Organe und reguliert diese und umgekehrt leitet es, durch afferente Nerven, die körperlichen Rückmeldungen wieder zurück an das Gehirn. Außerdem ist das VNS für das Stoffwechselgeschehen verantwortlich und steuert bzw. reguliert die inneren Organe z. B. das Herz, die Lunge, Magen- Darm-Trakt, Drüsen und Gefäße.

Clauss & Clauss (2018), S. 127

Herbert M. B. (2017) S. 9 – 15

Eine weitere wichtige Aufgabe des vegetativen Nervensystems ist die aufrecht Erhaltung des inneren Gleichgewichtes, auch Balance des inneren Milieus genannt, also der Homöostase, auch körperliches

Gleichgewicht. Dieses Gleichgewicht ist wichtig, denn sie sichert die optimale und stabile Arbeitsbedingungen in allen wichtigen Körpersystemen. Doch damit Körperfunktionen in einem Gleichgewichtszustand gehalten werden können, müssen gute Rückmeldewege vorhanden sein, damit das ZNS bzw. die Regulationszentren über den ist-Zustand in der Körperperipherie jeder Zeit informiert werden, denn nur dann können diese auch reguliert werden. Da diese Regulationen autonom und unbewusst ablaufen, wird das vegetative Nervensystem auch autonomes oder viszerales Nervensystem genannt. Sobald der Organismus jedoch belastet wird, passen das ZNS und PNS, welche das VNS bilden, die inneren Prozesse dem Körper an z. B. Körpertemperatur, Verdauung, Stoffwechsel, Entleerung sowie die Fortpflanzung. All dies können wir durch reine Willenskraft nicht beeinflussen. Während im SNS diese Prozesse bewusst geschehen, geschehen diese Prozesse im VNS automom und unbewusst und können nicht bewusst beeinflusst werden.

Herbert M. B. (2017) S. 9 – 15

Schiebler (2005), S. 687

Genau wie das SNS besteht auch das VNS aus afferenten und efferenten Nerven. Während die afferenten Nerven die Signale an das ZNS weiterleiten, leiten die efferenten Nerven die Informationen an die einzelnen Organe wieder zurück.

Larsen (2012), S. 13

Das VNS hat wie das SNS sowohl Anteile im ZNS als auch im PNS, doch das VNS besteht aus drei Subsystemen, nämlich: das sympathische Nervensystem (Sympathikus), das parasympathische Nervensystem (Parasympathikus) und das Darmnervensystem. Abgesehen einiger Ausnahmen wie z. B. den Schweißdrüsen und einigen Blutgefäßen, werden die Organe sowohl vom Sympathikus als auch vom Parasympathikus versorgt. Das Darmnervensystem befindet sich in den Darmwänden und wird als gesondertes drittes System angesehen. Da das

Darmnervensystem sehr komplex ist und sehr autonom funktioniert, wird es auch als das „Gehirn des Darms" bezeichnet.

Herbert M. B. (2017) S. 9 - 17

Der Sympathikus und der Parasympathikus wirken bzw. arbeiten komplementär, ergänzend bzw. wechselseitig, auf die vegetativen Organe. Durch die Seitenbegrenzung werden Sympathikus und Parasympathikus und ihre Aufgaben nur knapp erklärt.

Bei Belastungen wirkt das sympathische System so auf die inneren Organe, dass der Körper trotz belastender Situationen optimal arbeitet bzw. funktioniert. Sympathische Wirkungen sind zur kurzzeitigen Energiemobilisierung wie in belastenden, stressigen, Situationen. In solchen Situationen sorgt der Sympathikus dafür, dass der Blutzuckerspiegel ansteigt, dass die Herzleistung steigt, also das Herz schneller schlägt, dass der Blutdruck ansteigt und sich die Pupillen erweitern und die Körpertemperatur ansteigt. Diese Reaktionen können auch als „ergotrope" Reaktionslage bezeichnet werden und beschreibt die „fight-flight"-Reaktion, dies ist eine Reaktionslage, die dann auftritt, wenn bedrohliche Reize, entweder durch Flucht oder Kampf bewältigt werden müssen.

(ebd.)

Der Parasympathikus wirkt auf die inneren Organe in Richtung Ruhe und Entspannung und fördert die Verdauungsaktivität. Im Körper herrscht eine „trophotrope" Reaktionslage. Der Körper kommt zu Ruhe, der Blutzuckerspiegel sinkt wieder auf den „normal Wert", der Puls „normalisiert" sich, Der Magen- Darm-Trakt wird aktiv, die Pupillen verkleinern sich wieder und die Körpertemperatur sinkt.

(ebd.

Beide Systeme Arbeiten in einer Wechselwirkung, die Aktivierung des einen Systems hat die Folge, dass das andere System herunterfährt.

Das SNS und VNS interagieren miteinander und außerdem laufen die Wirkungen von beiden Systemen gleichzeitig ab. Das VNS erhält ständig Rückmeldung und Informationen aus den Organen und aus seiner Umwelt. Außerdem steht das VNS unter der Kontrolle des Großhirns. Damit eine präzise Anpassung der Organfunktionen an das Verhalten des Organismus gewährleistet wird, ist die zentrale Einbeziehung der vegetativen Regulationen notwendig.

Jänig (2006), S. 132

Der große Unterschied zwischen dem SNS und dem VNS ist, dass die Körperfunktionen im SNS von der Person bewusst und kontrolliert gesteuert werden. Im ZNS werden die Körperfunktionen unbewusst und autonom gesteuert.

2 Die Funktion von Hypophysen Hormonen

Da die Hypophyse lebenswichtige Hormone produziert, spielt sie eine sehr große Rolle im menschlichen Körper. Die Hypophyse ist eine Hormondrüse und befindet sich am Hypothalamus. Durch die Produktion von vielen verschiedenen Hormonen koordiniert die Hypophyse die Aktivitäten des VNS.

Schandry 2016, S. 131 – 32

Die Hypophyse, die auch als Hirnanhangsdrüse bezeichnet wird, besteht aus zwei Teilen, nämlich den Vorderlappen, auch Adenohypophyse genannt, und dem Hinterlappen, auch Neurohypophyse genannt, die beide unterschiedliche Funktionen haben.

Birbaumer 2010, S.126

Wichtig ist auch, dass es ausschüttungsfördernde, also Releasing-Hormone, und ausschüttungshemmende, also Inhibiting-Hormone gibt.

Außerdem sind Glandotrope Hormone dafür zuständig, nachfolgende Hormondrüsen zu regulieren und andere, die nicht glandotrope, Hormone wirken dagegen direkt auf die Zielzellen.

(ebd.)

Im Folgenden werden vier ausgewählte Hormone, die von der Hypophyse ausgeschüttet werden, vorgestellt.

Das erste Hormon, ein glandotrope Hormon, dessen Funktionen näher erläutert werden soll, ist das adrenocorticotrope Hormon, ACTH, das durch Corticotropin-Releasing-Hormon bzw. CRH ausgelöst und in der Hypophyse ausgeschüttet wird. Das ACTH (adrenocorticotropic hormone) ist dafür zuständig, die Ausschüttung der Glucocorticoide, der Mineralocorticoide und ebenfalls des Adrenalins zu stimulieren und zu kontrollieren. Dabei ist das wichtigste Glucocorticoid, für den Menschen, das Cortisol. Die Nebenniere wird, vor allem bei Belastung, von ACTH angeregt Cortisol und andere Hormone zu produzieren. Wird dann, durch Stimulation der Nebenniere durch das ACTH, Cortisol ausgeschüttet, kann es zur Regulation des Wachstums beitragen und wird für verschiedene Stoffwechselvorgänge z. B. Proteinumsatz, Fettstoffwechsel und Kohlenhydrathaushalt benötigt. Das Ziel der Stoffwechselaktivierung, dass durch Cortisol angeregt wird, ist die Steigerung der zu Verfügung stehenden Körperenergie, das zur Bewältigung von einer oder mehreren Belastungssituationen benötigt wird. Dabei stehen CRH, ACTH und Cortisol in einer Wechselwirkung zueinander. CRH und ACTH haben die Folge, dass Cortisol ausgeschüttet wird. Cortisol wiederum hemmt die Ausschüttung von CRH, sodass hier ein negativer Rückkopplungseffekt vorliegt und durch diese Wechselwirkung normalisiert sich der Cortisol Wert.

Birbaumer 2010, S. 133

Clauss/Clauss (2018), S. 196

Corr 2006, S. 179

Kleine & Rossmanith (2010), S. 52

Schandry 2016, S. 187 +320

Ein weiteres Hormon, das von der Hypophyse ausgeschüttet wird ist das antidiuretische Hormon, auch Adiuretin bzw. ADH genannt. Dieses Hormon wird im Hypophysen-Hinterlappen ausgeschüttet und ist für den Wasserhaushalt im Körper zuständig. Es verhindert die übermäßige Ausscheidung von Wasser über die Niere und verhindert so die übermäßige Aufnahme von Wasser und reguliert dadurch die Flüssigkeitsbilanz und die Konzentration der Blutsalze. Da es bei höheren Konzentrationen zur Kontraktion von glatten Muskeln in den Wänden von Blutgefäßen führen kann, wird es auch Vasopressin genannt.

Corr 2006, S. 18

Der Körper besteht aus ca. 60 % aus Flüssigkeit und wenn ein akuter Flüssigkeitsmangel entsteht, wird dies durch Neuronen registriert und an die ADH-produzierende Hypophyse weitergeleitet. Nun wird ADH ausgeschüttet, gelangt es über das Blut in die Nieren, wo die Urinproduktion gehemmt wird. Umgekehrt, wenn genug bzw. zu viel Wasser im Körper ist, wird die ADH-Pruduktion reduziert bzw. gehemmt. Die Folge ist, dass mehr Urin in der Niere produziert wird und dem entsprechend wird verstärkt Wasser in Form von Harnflüssigkeit ausgeschieden. Während die Verringerung der Harnmenge Antidiurese genannt wird, wird die Erhöhung der Harnmenge Diurese genannt.

Birbaumer 2010, S. 248

Corr 2006, S. 18

Die Bestimmung des Verdünnungsgrades des Blutes steuert die Ausschüttung von ADH. Wenn der osmotische Druck an den Rezeptoren der Hypophyse nur minimal, 1%, erhöht wird, führt dies geradewegs zu einer ADH-Ausschüttung. Dabei wird diese Produktion von ADH durch die Konzentration von Natrium-Ionen im Extrazellulärraum der Hypophyse gesteuert.

Schandry 2016, S. 188

Wenn im Blut eine geringe Wassermenge vorhanden ist, ist diese Konzentration hoch und ADH wird freigesetzt. Dies führt zur Antidiurese. Dem entsprechend führt Eine hoher Natrium-Ionen Konzentration zur Diurese

Birbaumer 2010, S. 248

Dauerhaft fehlende bzw. eingeschränkte ADH- Produktion wie z. B. nach Tumoren in der Hypophyse oder nach einer Beschädigung der Hypophyse durch z. B. Bestrahlung, führen zu dem Phänomen des Diabetus insipudus, dies ist ein chronisches Durstgefühl. Menschen mit Diabetus insipudus haben kein normales Durstgefühl, sondern sie trocknen regelrecht aus, trinken extrem viel und scheiden dem entsprechend auch extrem viel Wasser in Form von Urin aus.

Birbaumer 2010, S. 248

Das Follikel stimulierende Hormon, auch FSH genannt, spielt mit dem luteinisierenden Hormon, auch LH genannt, eine große Rolle, denn sie sind verantwortlich für die Fruchtbarkeit, auch Fertilität genannt. Außerdem regulieren sie den weiblichen Zyklus und im männlichen Körper ist das Hormon wichtig für die Bildung und Reifung der Spermien.

Kleine & Rossmanith (2014) S. 73 - 78
Rudolf-Müller & Witte (2017)

Die von der Hypophyse ausgeschütteten Hormone FSH gelangen ins Blut. Wie viel FSH dabei ausgeschüttet wird entscheidet der Hypothalamus. FSH stimuliert sowohl bei der Frau als auch beim Mann die Keimzellen. Bei der Frau initiiert das Hormon FSH, in der ersten Phase des Zyklus, die Follikelreifung. Beim Mann wird die Aktivität der Sertoli-Zellen stimuliert, diese sind für die Spermatogenese wichtig. Einfach gesagt, FSH bewirkt bei der Frau im Eierstock die Reifung von Eibläschen bis hin zum reifen Ei und zum Eisprung und beim Mann regt es die Spermienbildung an. Mutationen im FSHB-Gen können zu einer seltenen aber erblichen FSH-Mangel führen, die Folge davon ist Unfruchtbarkeit.

Antwerpes, Bröse & Fink (2020)

Kleine & Rossmanith (2014) S. 73 - 78

Durch LH wird während der ersten Hälfte des Zyklus die Östrogenproduktion gefördert, doch zur Mitte des Zyklus steigt der LH-Wert an, das die Ovulation triggert und es bewirkt einen, etwa acht Tage anhaltenden, Gelbkörper. Der Gelbkörper dagegen produziert Progesteron. LH stimuliert beim Mann die Synthese und Sekretion von Testosteron.

Arzberger, Bröse & Franchetti (2018)

Kleine & Rossmanith (2014) S73 - 78

Prolaktin wird im vorderen Teil der Hirnanhangsdrüse produziert und es gelangt über das Blut in die weibliche Brustdrüse. Prolaktin fördert den Wachstum der Brüste und es fördert nach einer Geburt die Produktion und Sekretion von Muttermilch. Außerdem hemmt Prolaktin in der Schwangerschaft und Stillzeit den Menstruationszyklus, indem es die Ausschüttung verschiedener anderer Hormone verhindert. Prolaktin wird durch den Neurotransmitter Dopamin gehemmt. Das Saugen des Babys an der Brustwarze, nach der Geburt, sorgt dafür, dass Prolaktin ausgeschüttet wird, so das während der Stillzeit genügend Milch produziert und der Eisprung weiterhin unterdrückt wird.

Dahm & Rudolf-Müller (2017)

Kleine & Rossmanith (2014) S. 83 - 85

3 Prinzip und Anwendungsmöglichkeiten von Neurofeedback

Was auf den ersten Blick wie ein Computerspiel aussieht, in welchem Personen Ohne Joystick oder Tastatur vor einem Bildschirm sitzen und Bälle bewegen, stellt sich bei genauerer Betrachtung als ein Teil einer Therapie dar, nämlich dem Neurofeedback. Auf den Köpfen der Patienten_innen ist mit Hilfe einer Kappe Elektroden angebracht, die die Gehirnströme messen. Die Elektroencephalographie, auch EEG-Neurofeedback genannt, misst, durch die Elektroden auf der Kopfoberfläche, die summierten elektrischen Aktivitäten im Gehirn.

Enriquez-Geppert, S. (2019) S. 186 – 193

Karim, A. A. (2015) S. 73 - 79

Laut Karim (2015, S. 73 - 79) lassen sich EEG-Frequenzen mit bestimmten Bewusstseinszuständen in Verbindung bringen, nämlich„ beispielsweise sind Alpha-Wellen (Wellen mit einer Frequenz von 8–10 Hz) typisch für den entspannten Wachzustand. Beta-Wellen (mit einer Frequenz von 13–30 Hz) sind für den aufmerksamen Wachzustand typisch. Gamma-Wellen (mit einer Frequenz von über 30 Hz) treten z. B. bei starker Konzentration und Lernprozessen auf. Theta-Wellen (mit einer Frequenz von 4–8 Hz) treten vermehrt bei Schläfrigkeit und in leichten Schlafphasen auf. Delta-Wellen (mit einer Frequenz von 0,1 bis 4 Hz) sind typisch für traumlose Tiefschlafphasen.„

Außerdem können Patienten_innen durch EEG-Neurofeedback-Training ihre elektrische Gehirnaktivität selber regulieren und da bestimmte Aspekte der Gehirnaktivität in Echtzeit analysiert werden, können diese den Patienten gleich mitgeteilt werden.

Ein wichtiges Anwendungsgebiet von EEG-Neurofeedback ist die Therapie von Kindern mit ADHS. Kinder mit ADHS zeigen häufig eine pathologische, krankhafte, Veränderung im EEG, denn sie haben zu wenig Beta-Aktivität, die mit Aufmerksamkeit einhergeht, und zu viel Theta-Aktivität, die mit Müdigkeit einhergeht.

Karim, A. A. (2015)S. 73 – 79

Menschen mit ADHS können mit EEG-Neurofeedback trainieren um ihre Beta-Aktivität zu erhöhen und ihre Theta-Aktivität zu senken. „Die Effektivität dieser Intervention zur Therapie von ADHS hat sich empirisch gut bewährt." (ebd.)

Der Ablauf des EEG-Neurofeedbacktrainings ist wie folgt, dem_der Patienten_in, werden Elektroden auf die Kopfoberfläche angebracht, durch diese kann das EEG gemessen werden, dabei wird das EEG-Signal verstärkt und in einem Computer verarbeitet. Während auf dem Bildschirm des Trainers das Grund-EEG und die einzelnen EEG-Frequenzen zu sehen sind, sieht der_die Patient_in auf dem Feedbackbildschirm die, transformierten und ausgesuchten Signale als Ballbewegungen. Der_die Patient_in hat nun die Aufgabe den Ball nach oben zu bewegen, dies geschieht, indem er_sie seine_ihre Beta-Aktivität im Gehirn erhöht. Es gelingt dem_der Patienten_in schnell die richtigen bzw. benötigten Gedanken und Strategien einzusetzen, wie er_sie sein_ihr Gehirn „wacher" machen kann

Enriquez-Geppert, S. (2019) S. 186 – 193
Karim, A. A. (2015) S. 73 - 79

Die Patienten_innen werden für jeden erfolgreichen Durchgang mit einem Smiley belohnt. Da das Training an ein Computerspiel erinnert, haben die Kinder viel Spaß und Freude daran. Doch auch zu Hause soll die gleiche Strategie angewandt werden um die Konzentration zu stärken.

Karim, A. A. (2015) S. 73 - 79

Außerdem kann mit Hilfe von EEG evozierte Potenziale, dies sind ereigniskorrelierte Potenziale, auch EKP genannt, gemessen werden. Diese werden durch visuelle, auditorische oder taktile Reize ausgelöst z. B. „wenn ein Proband einen auditorischen Reiz (einen Ton) hört, löst er im EEG ein evoziertes Potenzial aus, welches jedoch im Grund-EEG (Hintergrundrauschen der elektrischen Gehirnaktivität) untergeht."

Karim, A. A., 2015, S. 73 – 79

Wird aber der Ton dem Probanden mehrmals verabreicht und jedes Mal der EEG gemessen, kann mit Hilfe eines Computerprogramms das Grund-EEG herausgerechnet werden und es bleibt dann das evozierte Potenzial übrig. Diese Methode kann in der forensischen Psychophysiologie verwendet werden um z. B. verdächtige Straftäter zu überführen. Dabei wird einem Verdächtigen z. B. verschiedene Waffen gezeigt, wenn der_die Verdächtige die wahre Tatwaffe erkennt, zeigt er/sie ein erhöhtes evoziertes Potenzial, dies ist ein Beweis bzw. Indiz. Da bei nur einer Frage die Reaktion zufällig sein kann, wird dem Verdächtigen mehrere Bilder z. B. vom Hemd des Opfers, vom Tatort usw. gezeigt. Wenn der_die Verdächtige auf alle wahren Details stärker reagiert als auf die anderen, kann daraus geschlossen werden, dass das Wissen daher kommt, dass die Person bei der Tat bzw. am Tatort dabei war.

In der allgemeinen Psychologie bzw. in der kognitiven Neurowissenschaft wird mit Hilfe diese Methode in der Grundlagenforschung herausgefunden, welche Sinnesreize z. B. visuellen, auditorischen oder taktilen usw. Reize die Aufmerksamkeit stärker oder schwächer anziehen. Außerdem kann mit dieser Methode Erinnerungs- und Habituationseffekte, also Gewöhnung, gemessen werden.

In der klinischen Neuropsychologie wird diese Methode dagegen eingesetzt um herauszufinden, ob ein Patient, der im Koma liegt, intakte kognitive Funktionen hat oder nicht.

(Karim, A. A., 2015) S. 73 – 79

Literaturverzeichnis

Antwerpes, Bröse & Fink (2020) Luteinisierendes Hormon. zuletzt abgerufen am 20.01.2021. abgerufen von

flexikon.doccheck.com › Luteinisierendes_Hormon

Arzberger, Bröse & Franchetti (2018) Follikelstimulierendes Hormon. zuletzt abgerufen am 20.01.2020: abgerufen von

flexikon.doccheck.com › Follikelstimulierendes_Hormon

Beck, Henning, Anastasiadou, Sofia, Meyer zu Reckendorf, Christopher (2016) Faszinierendes Gehirn - Eine bebilderte Reise in die Welt der Nervenzellen. Wießbaden: Springer

Birbaumer, N., Schmidt, R. & Robert F (2010) Biologische Psychologie. Springer-Lehrbuch. Berlin, Heidelberg: Springer

Clauss W. & Clauss C. (2018), Humanbiologie kompakt. Springer-Lehrbuch. Berlin, Heidelberg: Springer

Dahm & Rudolf-Müller (2017) Prolaktin. Zu letzt aufgerufen am 25.01.2021. abgerufen von

www.netdoktor.de › laborwerte › prolaktin

Enriquez-Geppert, S. (2019) Neurofeedback aus der Perspektive der Neurowissenschaften. Psychotherapeut 64, 186–193 (2019). Springer

Karim, A. A.)2015) biologische Psychologie (1. (Aufl.) Riedlingen: Studienbrief der SRH Fernhochschule

Kleine & Rossmanith (2010). Hormone und Hormonsystem. Springer-Lehrbuch. Berlin, Heidelberg: Springer

Kleine & Rossmanith (2014). Hormone und Hormonsystem (3. Aufl.) Springer-Lehrbuch. Berlin, Heidelberg: Springer

Corr, P., (2006) Understanding Biological Psychology. Wießbaden: Springer

Herbert m. B. (2017). Biologische Psychologie: Spezialgebiete der biologischen Psychologie (1. Aufl.). Riedlingen: Studienbrief der SRH Fernhochschule

Huggenberger, Moser, Schröder, Cozzi, Granato, erighi (2019) Neuroanatomie des Menschen. In: Huggenberger, S., Moser, N., Schröder, H., Cozzi, B., Granato, A., Merighi, A. (Hrsg.) Springer-Lehrbuch. Berlin, Heidelberg: Springer

Jänig w. (2006). Vegetatives Nervensystem. Wießbaden: Springer

Kirschbaum C. (2008) Biopsychologie von A bis Z. In: Kirschbaum, Clemens (Hrsg.) Springer-Lehrbuch. Berlin, Heidelberg: Springer

Larsen R. (2012). Anästhesie und Intensivmedizin für die Fachpflege. Springer-Lehrbuch. Berlin, Heidelberg: Springer

Rudolf-Müller & Witte (201) FSH - Follikel-stimulierendes Hormon. zuletzt abgerufen am 20.01.2021: Abgerufen von

www.netdoktor.de › Laborwerte › FSH-Follikel-stimuli...

Schandry, R., (2016) biologische Psychologie. BELTZ

Schiebler T. H. (2005), S. 687; vgl. Tschabitscher (2011) Anatomie - Histologie, Entwicklungsgeschichte, makroskopische und mikroskopische Anatomie, Topographie. In: Schiebler, T.H. (Hrsg.) Springer-Lehrbuch. Berlin, Heidelberg: Springer

v. Bergmann, Billigheimer, Bing, Bumke, Curschmann, Goldstein, Meyer, Müller, Nadoleczny, Veraguth, Wittmaack, (1926) Erkrankungen des Nervensystems. Springer